Conserver la couverture

PAUL BRÉGER

PAUL BRÉGER

A LA

MÉMOIRE D'UN FRÈRE

NOTICE

SUR

PAUL BRÉGER

CAPITAINE D'ARTILLERIE DE MARINE

SAINT-GERVAIS
IMPRIMERIE DE LANGELIN
[illegible]87

NOTICE

SUR

PAUL BRÉGER

CAPITAINE D'ARTILLERIE DE MARINE

SAINT-GERMAIN
IMPRIMERIE TH. LANCELIN
RUE DE PARIS, 27

1882

Paul-Jean Bréger est né le 29 janvier 1842, du mariage de Henri Bréger et d'Adèle Norblin. Son grand-père maternel, Martin Norblin — cet artiste d'élite, ce collectionneur infatigable d'objets d'art les plus divers, ce connaisseur d'une rare finesse qui aima si passionnément le beau sous toutes ses formes et dans toutes ses manifestations — vivait encore à l'époque dont nous parlons. Paul Bréger eut l'avantage de jouir, jusqu'à l'âge de 13 ans, de la société et des exemples de cet homme d'un esprit supérieur et d'une nature droite et honnête : le souvenir de l'aïeul ne fut pas sans ascendant sur l'avenir moral du petit-fils.

L'enfance de Paul Bréger fut dirigée par sa

sœur aînée, Blanche Bréger. De là, peut-être, ces ressemblances nombreuses entre le frère et la sœur ; de là, cette tendre et rare affection qui traversa toutes les épreuves, même celle de l'absence.

Sorti des mains de sa première institutrice, pour recevoir les enseignements d'autres maîtres — et ceux de la vie ! — Paul Bréger n'en fut pas moins, et, sans relâche, — même à travers les contrées et les mers lointaines — suivi par la pensée fidèle et — au moyen d'une correspondance longtemps régulière — par l'influence discrète de sa sœur.

En octobre 1851, Paul Bréger entra à l'excellent pensionnat de Passy, tenu par les Frères des Ecoles chrétiennes. Le Frère Théotique, homme d'érudition et de vertu, dirigeait alors ce grand établissement. L'illustre Frère Philippe, Supérieur de toute la Congrégation, dont les traits ont fourni un chef-d'œuvre à Horace Vernet, imprimait encore par lui-même, aux différentes écoles de tous les degrés, la sage et intelligente direction qui lui a, du reste, survécu.

Paul Bréger resta au pensionnat de Passy jusqu'en août 1858. Il eut l'avantage d'y trouver la continuation de l'éducation de la famille, la survivance des principes que celle-ci avait inculqués à son jeune âge. De plus, les excellentes méthodes de ses maîtres, donnèrent à son intelligence, naturellement ouverte, une impulsion droite, une habitude de logique qui eurent une grande influence sur la manière dont, plus tard, il sut travailler les sciences, et acquérir, *par lui-même*, les connaissances exactes et supérieures que la généralité des jeunes gens ne recueille que dans les écoles spéciales.

Nous noterons, en passant, ceci : dans ses classes, Paul Bréger se fit remarquer, plutôt par une certaine universalité de moyens pour toutes les branches de l'instruction que — comme cela arrive le plus souvent aux jeunes écoliers — par une aptitude particulière pour l'une d'elles. Cette disposition de l'enfant se retrouvera dans l'homme et contribuera puissamment à faire de son esprit, un esprit d'élite. C'est vers trente ans que, sans perdre cet avantage naturel, Paul Bréger devint spécialiste distingué comme mathématicien et électricien.

Ajoutons qu'à Passy, où sa belle voix résonnait, chaque dimanche, sous les voûtes de la chapelle, la musique était déjà sa passion dominante. Il en avait pris dans sa famille un goût pur et vif que le Frère Léonce, excellent musicien, se plut à cultiver. Ce goût qui, dans la suite, devint un talent véritable, se trouva heureusement partagé par la compagne de sa vie : il fut un des charmes de leur intérieur et le délassement préféré auquel Paul Bréger aimait à recourir après une journée laborieuse.

En 1858, à sa sortie de pension, il avait été placé dans une importante maison de commerce; mais son intelligence, portée vers les choses spéculatives, ne put s'accommoder du genre d'occupations auxquelles il lui fallut se livrer. Il entra donc, du consentement de sa famille, dans le Commissariat de la Marine, et enfin, le 22 mai 1861, il trouvait tout à fait sa voie, en s'engageant dans l'arme savante de l'artillerie de marine.

Une excellente conduite, jointe à un travail intelligent et soutenu, l'y firent distinguer dès le début. Il se lia au régiment avec du Tillet de Villars et Huteau, jeunes hommes d'un rare mérite. Ces amis lui furent enlevés tous deux à la fleur de l'âge; et ce fut une perte que Paul Bréger ressentit profondément, un vide qu'il ne chercha jamais à combler.

Sans négliger le côté militaire, pour lequel il

se trouvait tout fait, par suite d'un caractère naturellement hardi, il s'appliqua de préférence à la partie scientifique de son arme.

Dix ans plus tard, le fruit apparaît dans sa maturité; et c'est alors que des inventions d'appareils, des mémoires où la clarté et la facilité du style le disputent aux connaissances techniques, font ranger Paul Bréger au nombre des écrivains distingués et des plus fortes spécialités de l'artillerie.

Parmi les appareils dont il est l'inventeur, mentionnons le *Chronographe électrique* qui porte son nom.

La courte vie, si bien remplie, de Paul Bréger, pourrait se diviser en deux parts : la première s'étend de sa naissance à son mariage; la seconde, de son mariage à sa mort.

Dans la première et la plus longue, ses goûts, ses aptitudes, ses enthousiasmes semblent principalement tournés vers les arts, les lettres, la théologie et la philosophie : il sort à 17 ans de pension, connaissant à fond ses auteurs classiques; à 25 ans, il revient de la Nouvelle-Calédonie, possédant Malebranche, Leibnitz et la Somme de Saint-Thomas d'Aquin. Dans la seconde partie de sa vie, les mathématiques et les sciences naturelles l'absorbent et le passionnent. Faisant passer dans la pratique les connaissances qu'il y acquiert, il s'efforce, avec succès, d'appliquer ces connaissances à l'artillerie.

Organisation rare, réunissant les aptitudes les plus diverses — celles qui élèvent à l'idéal et celles qui ramènent à la nature — artiste et mathématicien : deux mots si rarement en accord — il apporta à toutes ses études et à tous ses travaux, même spéciaux, cet esprit synthétique qu'il annonçait dès ses classes, des vues d'ensemble qui en élargirent singulièrement l'horizon, et préservèrent le jeune officier de certains écarts d'intelligence dans lesquels tombent presque fatalement les spécialistes.

Nous voudrions, pour ainsi dire, photographier l'image morale de Paul Bréger pour la conserver à ses amis. Or, nous ne pouvons tracer ici qu'une simple esquisse, et cette esquisse serait encore plus incomplète qu'elle ne l'est, si, parlant de l'intelligence et des travaux de notre modèle, nous omettions de dire qu'il fut plein de bonté, de droiture et de désintéressement et que son cœur fut, par l'élévation, au niveau de son esprit. Et si, comme nous, on juge que — bien plus que dans les faits éclatants — l'héroïsme de la vie consiste dans le devoir de chaque jour, accompli aussi parfaitement que possible — dans les luttes de l'existence soutenues avec un mâle et calme courage — dans les déceptions de carrière supportées sans vaines plaintes — dans les travaux les plus utiles poursuivis sans relâche, pour l'amour pur de la science, du beau et du juste, sans aucune visée de récompense — dans la sponléanité du dévoûment et l'insouciance du danger personnel — enfin, si l'on considère qu'une telle vie fut tranchée prématurément pour le service de la patrie, on trouvera légitime que nous osions retirer Paul Bréger de la sphère commune pour le placer dans un rang à part.

Et si l'on voulait exprimer d'un mot cette nature d'élite, à notre avis, on pourrait graver sur la pierre tombale du capitaine Bréger, celui-ci : *Noblesse.*

Engagé, comme nous l'avons dit, en 1861, il conquit rapidement ses grades. En 1864, n'étant encore que maréchal-des-logis-chef, il fut embarqué sur *la Néréide*, avec sa batterie, pour la Nouvelle-Calédonie. Là, tout en lisant Malebranche et les philosophes, il s'occupa de préparer les examens que les jeunes sous-officiers ont la faculté de passer au régiment. Il subit cette épreuve difficile en 1867, et fut brillamment classé le second sur la liste officielle de tous les admis de l'année. Ses chefs, qui reconnaissaient ses capacités, lui confièrent alors d'importants travaux de topographie : il s'agissait de relier Nouméa à un point particulier de l'île, en s'ouvrant avec la hache un chemin à travers les forêts vierges. Paul Bréger remplit cette mission à la satisfaction générale. Il revint à Paris en 1868, portant l'épaulette de sous-lieutenant.

Ce retour fut une époque dans la vie de sa sœur, et une époque qu'elle a souvent qualifiée au fond de son cœur par ces mots : *la meilleure*. L'enfant revenait homme, et tout ce qu'il promettait naguère, il l'avait tenu et au-delà. Il rapportait intacts son caractère, sa droiture, sa foi, et, de plus, des connaissances sérieuses amassées par l'étude, développées par les voyages, et une carrière conquise par son mérite personnel. C'est avec une joie bien franche et bien expansive qu'il retrouva son excellente mère et sa sœur. Depuis sept ans, il n'avait pas vécu à son foyer ! mais en foulant le sol natal, son cœur s'était élancé avec une égale ardeur vers une autre famille qu'il aimait presque à l'égal de la sienne : la famille Louveau. Là, il allait revoir un indulgent ami qui l'avait toujours accueilli en père; l'amie de sa mère, Delphine Zier, qu'il était, ainsi que sa sœur, habitué à chérir comme si elle lui eût été unie par les liens de la parenté; enfin, et surtout, deux charmantes jeunes filles dont l'une, presque de son âge, avait partagé ses jeux d'enfance : les ombrages de Saint-Germain se souviennent encore de leurs joyeux ébats !...... Quant à l'autre, plus jeune que lui de quelques années, elle était destinée à occuper dans son cœur et dans sa vie, une place encore plus intime. En effet, l'année suivante, immédiatement après avoir obtenu son grade de lieutenant, il entra, par le mariage, dans la famille Louveau. Clémence Louveau consentit à partager l'existence aventureuse du jeune soldat et, de part et d'autre, le cœur présida tout entier à cette grave décision. Le même jour, à la même heure, au même autel, la sœur aînée, Jenny Louveau, épousait Camille Gilbert qui, par la cordialité de ses rapports avec Paul Bréger, devait mériter d'être regardé par celui-ci, comme un véritable frère.

N'écoutant que son affection, Mme Bréger

voulut suivre son mari à la Martinique, où il fut envoyé pour trois ans, en décembre 1869. Là, ses excellentes notes le firent choisir comme aide-de-camp par l'amiral Cloué, gouverneur de la colonie.

Pendant que la guerre avec la Prusse et avec la Commune déchirait la mère-patrie, une révolte des noirs éclata à la Martinique. Le lieutenant Bréger fut nommé commandant d'état de siége aux Trois-Ilets, puis à l'Ilet-aux-Ramiers. Il se distingua dans ces fonctions par son courage calme et sa décision. Il n'eut pas moins de succès, comme professeur, quand lui fut donnée, à Fort-de-France, la direction des cours des Arts-et-Métiers. La netteté de son esprit et la facilité naturelle de son élocution le secondèrent merveilleusement dans ce nouvel emploi. Quelque différents que fussent ceux qu'on lui confia, il les remplit toujours avec une égale ardeur et une égale réussite.

Enfin, en 1873, ayant été promu au grade de capitaine, il revint en France avec sa jeune femme. Leur santé avait bien souffert du climat des Tropiques, mais la France devait leur rendre peu à peu les forces perdues.

A partir de cette époque, le capitaine Bréger

s'adonna plus que jamais à la science si complexe de l'artillerie. Il écrivit à Toulon un ouvrage très savant sur *la probabilité d'atteindre un but de forme quelconque*; ouvrage qui révéla toute sa valeur à ses supérieurs et le fit nommer à la Commission d'expériences de Gâvre, près de Lorient.

C'est dans cette ville que, toujours compris par sa chère et intelligente femme, ardemment suivi et encouragé de loin par sa sœur, il passa les six dernières années de sa vie, inventant ou perfectionnant des appareils, résolvant par les hautes mathématiques des questions restées obscures, écrivant des livres de science, rédigeant des rapports sur les travaux de la Commission de Gâvre qui lui valurent, en maintes circonstances, les félicitations de ses chefs, et une fois, même, un éloge écrit et public de l'amiral de Montagnac, alors ministre de la Marine et des Colonies.

Les principaux ouvrages scientifiques de Paul Bréger, sont:

1° De la probabilité d'atteindre un but de forme quelconque (Mémorial de l'artillerie de marine, 1874).

2° De la position et de la forme des ceintures des projectiles (Mémorial, mars 1880).

3° Mémoire sur un perfectionnement apporté par le capitaine Bréger au chronographe Le Boulangé.

4° Un grand nombre de rapports pour la Commission de Gâvre qui résument et expliquent les travaux de la Commission.

5° Mémoire sur les différences nécessaires des Observations.

C'est sa dernière œuvre; il y mettait la dernière màin quelques jours avant le fatal départ. Elle est publiée dans le Mémorial (1881) et a été présentée à l'Académie des Sciences.

En 1878, Paul Bréger avait été décoré de l'Ordre de la Légion d'honneur.

En 1881, année néfaste! son tour de colonies revint le surprendre au milieu de ses travaux.

Il partit résolument, quoique avec tristesse : *Ne jamais demander de faveur — faire son devoir et le faire simplement :* telle était sa ligne de conduite invariable.

Malgré les appréhensions de sa famille et les siennes propres, Mme Bréger voulut encore le suivre et partager tous ses dangers. En débarquant à Fort-de-France, le 20 avril 1881, ils apprirent que la fièvre jaune y décimait la population. Un premier accès violent de fièvre, dont il se remit rapidement, saisit le capitaine Bréger dès les premières heures de son débarquement. Trois semaines plus tard (le 15 Mai), après des fatigues de service auxquelles il ne voulut pas se soustraire, un second et plus terrible accès le terrassa, et, malgré les soins de sa femme désolée, et des médecins appelés auprès de lui, il fut, *le* **21** *Mai* **1881**, après six jours de souffrances, enlevé à l'estime de son régiment, à l'amour de sa femme, à l'affection profonde de sa sœur restée en France, à l'attachement légitime de tous ses amis.

. . . .

Pas un murmure, pas un regret ne lui échappèrent sur son lit d'agonie. La lucidité de son intelligence conservée jusqu'à la fin — sauf les intervalles de délire — ne permet pourtant pas de supposer qu'il ne se rendit pas compte de sa terrible situation. Non. Il regarda simplement la mort comme il avait regardé simplement la vie. Quand Dieu l'appela, il répondit sans phrase, en soldat habitué à la discipline : Me voici.

Jusqu'au dernier soupir, deux choses en lui restèrent intactes : son regard et sa pensée.

Son regard, il le donnait tout entier et sans relâche à sa femme bien-aimée, debout auprès de son lit, comme la statue de la douleur. *Sa pensée*, il la donnait à la science, aux chères études qui avaient passionné ses dernières années ; et c'était un spectacle beau et navrant à la fois de le voir, de sa main fiévreuse, tracer dans l'espace des lignes, des cercles et des signes algébriques, de l'entendre expliquer les problèmes qui se présentaient à son intelligence, même au milieu des plus cruelles souffrances, avec ce langage net, éloquent et distingué qui était un de ses dons naturels les plus frappants.

Ces détails nous ont été transmis par Mme Bréger elle-même, qui ne quitta pas un instant le chevet de son cher mourant et contracta en le soignant, la terrible maladie ; — par Mme Thoré, femme dévouée jusqu'à l'héroïsme, qui, méprisant tout danger personnel, vint partager avec sa malheureuse amie les douleurs et les fatigues de ces heures poignantes ; — enfin, par M. Bellamy, médecin de la marine, qui assista le malade de sa science et de son zèle affectueux.

« Le capitaine Bréger, a-t-il écrit, conserva

« sans affaiblissement sa présence d'esprit, parlant de toutes choses avec beaucoup de calme « et de bon sens ; jusqu'au terme fatal, il répondit, au moins du regard, à sa femme et il put « encore, quelques heures avant sa mort, remercier en termes clairs et chaleureux, le digne « prêtre qui venait l'aider à mourir en chrétien » et qui remplit auprès de lui tous les devoirs de son saint ministère.

C'est au bourg du Gros-Morne que se consomma ce lugubre événement, au milieu de cette nature des Tropiques, enchanteresse et perfide, qui dévore chaque année tant de vies utiles ou aimées.

Le péril de la contagion ne permit de faire aucune prise d'armes pour escorter à l'église et au cimetière l'infortuné capitaine ; ses funérailles furent sans faste comme sa vie et sa mort.

Les soldats cantonnés au camp du Vert-Pré, non loin du bourg, envoyèrent des fleurs pour couvrir son cercueil; les officiers accompagnèrent sa dépouille mortelle au lieu saint et au champ du repos.....

Et le grand laurier rose qui ombrage sa tombe — là-bas, par delà les mers, loin de la France et de ceux qui l'ont aimé, loin de la sépulture de sa famille, — symbolise seul cette jeune existence brisée dans sa fleur et simplement héroïque.

Saint-Germain-en-Laye, Octobre 1881.

Saint-Germain. — Imp. Th. Lancelin, rue de Paris, 27.

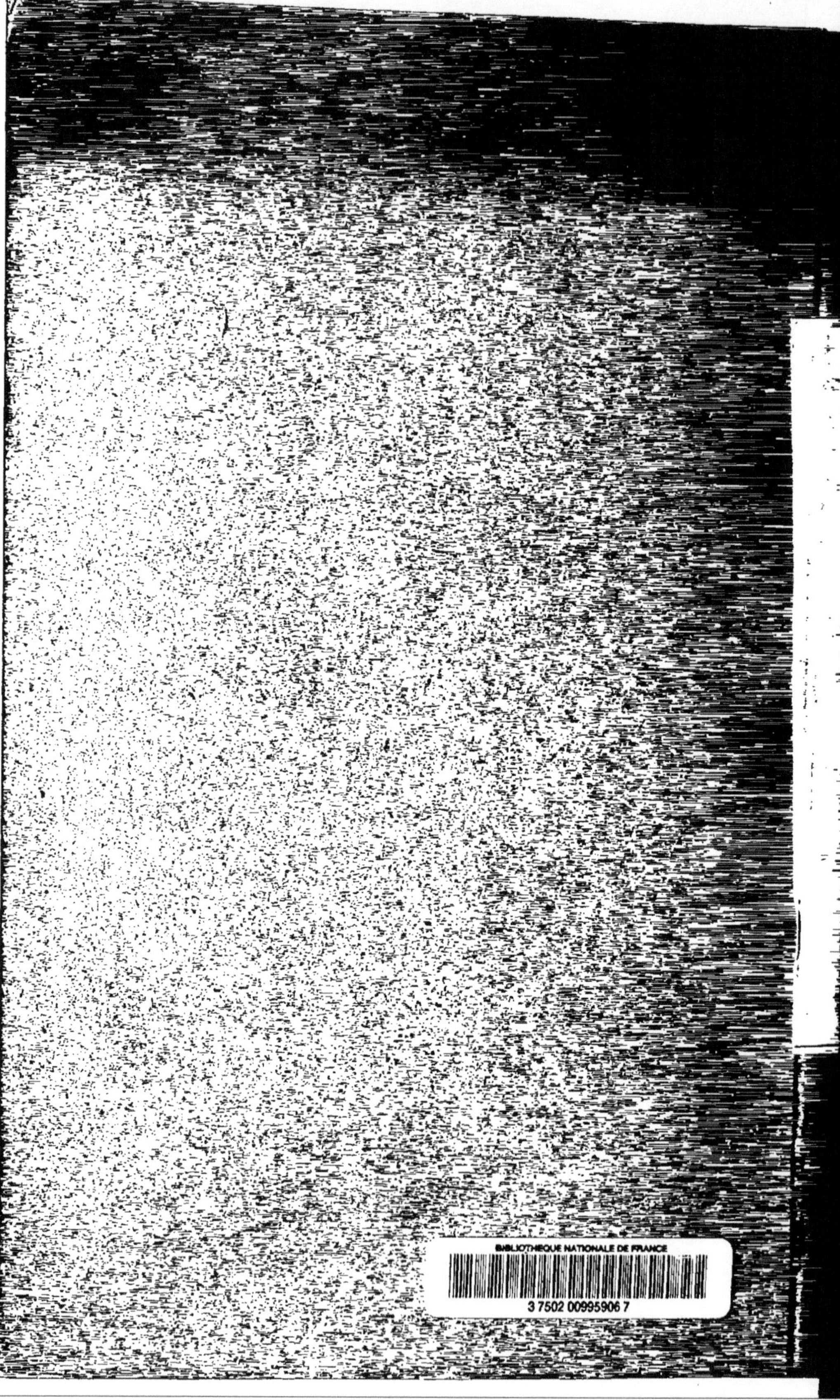
BIBLIOTHEQUE NATIONALE DE FRANCE
3 7502 00995906 7

www.ingramcontent.com/pod-product-compliance
Ingram Content Group UK Ltd.
Pitfield, Milton Keynes, MK11 3LW, UK
UKHW020418220726
13923UKWH00005B/2021

9 782019 624866